ABC de cocina española

recetas variadas para disfrutar cada día

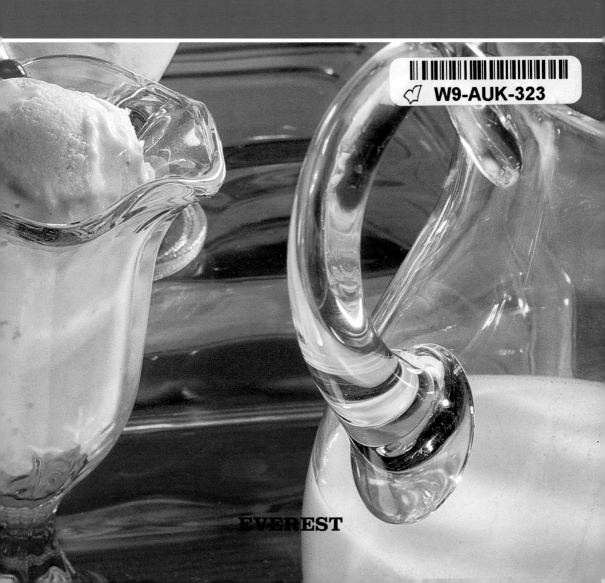

EVEREST

Contenidos

Teoría

Recetas

Recetas de siempre: las más solicitadas

La cocina española ofrece una serie de recetas tradicionales reflejo de toda su riqueza y variedad: deliciosos entremeses y salsas, frescas ensaladas y verduras, contundentes potajes y reconfortantes sopas, sabrosas pastas y arroces, jugosos asados y delicados pescados y, naturalmente, irresistibles postres para un dulce final. Recetas clásicas y sencillas, explicadas paso a paso e ilustradas con abundantes fotografías a todo color, para los que no saben cocinar y quieren iniciarse en el arte de los fogones de una manera cómoda y sencilla.

Buenas maneras a la mesa

1 | Preparación de la mesa

En nuestras casas, por lo general, no se recibirán más de ocho invitados; en este caso la mesa más adecuada para servir comidas o cenas será una que tenga forma ovalada o redonda. Las cuadradas y rectangulares cada vez se usan menos ya que alejan a los comensales unos de otros. **La mesa** debe estar en un espacio lo suficientemente amplio para que los invitados estén cómodos. También se debe tener en cuenta que el acceso a ese lugar debe estar exento de toda complicación. Sobre la mesa colocaremos un plástico si consideramos que aquélla puede deteriorarse con algún líquido que pudiera derramarse. Encima pon-

dremos una tela gruesa que cumple una doble función: por un lado actuará como absorbente y por otro amortiguará el ruido de platos y cubiertos, al tiempo que produce una sensación agradable al tacto. Por último, se coloca el mantel. Éste admite múltiples formas, pero lo más elegante es que sea blanco o de un color pálido, y que cuelgue por los lados, aunque no demasiado; es decir, que no moleste a los comensales cuando estén sentados. En cuanto al tejido, los mejores son los de lino o encaje; en este último caso hay que tener en cuenta que la tela inferior se verá por los huecos del mantel y quizá tengamos que poner otro paño de un color adecuado. Después se van colocando

los servicios de los comensales. Tal vez se piense que es algo complicado, pero la realidad es que la colocación responde a la lógica. Los servicios se componen de platos, cubiertos, copas y servilletas. Normalmente se ponen dos **platos**, uno llano y, sobre éste, uno sopero. Si se necesita un plato de entremés, más pequeño que los anteriores, se colocará sobre el llano; una vez usado, el plato de entremés se retira y se coloca el sopero. El plato de postre se coloca cuando se vaya a tomar éste, después de haber retirado los anteriores. En las comidas de etiqueta, sin embargo, sólo se pondrá un plato de cada vez, que será sustituido por otro limpio según se van tomando las diferentes partes que componen el menú. Los **cubiertos** se colocan a los lados del plato. Por norma general, los tenedores se colocan a la izquierda y el cuchillo y la cuchara a la derecha. Los dientes del tenedor y la parte cóncava de la cuchara se ponen hacia arriba mientras que el filo del cuchillo se orienta hacia el interior. Se ponen más cerca del plato aquellos cubiertos que van a usarse en último lugar, y más al exterior los que se emplearán al

La colocación de los platos, las copas, la servilleta y los cubiertos sobre la mesa ha de ser armónica, seguir las normas establecidas y tener una disposición lógica.

principio. Estas normas generales tienen algunas excepciones: el tenedor de marisco (que tiene la púa izquierda más ancha) se coloca a la derecha del comensal; y los cubiertos de postre, si se colocan en la mesa al principio –pues también pueden ponerse cuando se sirva el postre– se sitúan en el borde del plato paralelo al comensal, sobre la mesa. Para tomar la bebida se pueden poner **vasos o copas**, si bien estas últimas son más apropiadas para comidas y cenas formales. En cualquier caso se colocan frente al comensal, de izquierda a derecha, empezando por la más alta y acabando por la más baja. Así, siguiendo este orden, se pondrá la de agua a la izquierda, seguida de la del vino tinto, luego la del vino blanco y por último la de licor o cava. El **pan** se coloca a la izquierda del servicio de cada uno, normalmente sobre un platito adecuado. Conviene ofrecer distintos tipos de pan para satisfacer el gusto de todos: integral, blanco, sin sal, etc. La **servilleta** se presenta sobre el plato superior, doblada de forma sencilla. Sobre la mesa se pueden poner algunos adornos, siempre que haya espacio suficiente y no dé la sensación de agobio o de estar demasiado recargada. Estos **detalles**, por ejemplo ramilletes de flores, deben tener poca altura, para

que no dificulten la relación entre los comensales de los diferentes lados de la mesa. También se colocan sobre ésta las vinagreras o saleros que se pudiesen precisar a lo largo de la comida. Aparte de la mesa, es conveniente preparar el baño, por si lo necesita algún invitado, así como disponer algún lugar para usarlo como guardarropa, especialmente en invierno. Si suponemos que los invitados no se conocen entre sí o que alguno de ellos se va a retrasar, se puede ofrecer un aperitivo, en un lugar separado de la mesa en la que luego vamos a comer. En el **aperitivo** se pueden servir vinos dulces, zumos o vermús, acompañados de frutos secos o algún frito.

2 | Colocación de los comensales y modo de servir

Una vez que tenemos preparada la mesa y después de tomar el aperitivo, ya se pueden colocar los comensales, si han llegado todos. La disposición de éstos en la mesa deben decidirla los anfitriones y mostrar a cada uno su asiento. Para ello deben tener en cuenta ciertas normas: la **presidencia** o lugar más destacado de la mesa corresponde a los anfitriones, que pueden cederlo al invitado de más edad o posición social. Después se

Los vermús son el aperitivo ideal.

irán situando los **invitados**, alternando hombres y mujeres, y procurando que los miembros de una misma pareja o los socios de un negocio estén separados para no cerrar las conversaciones y facilitar así el contacto entre personas que no se ven habitualmente; sin embargo, si consideramos que va a ocurrir todo lo contrario, por ejemplo si hay personas tímidas o algunas que no tienen nada en común, debemos colocarlas según nuestro propio criterio. Cuando todos los comensales están sentados, se puede empezar a servir. En este punto tienen preferencia los invitados sobre los anfitriones, y las mujeres sobre los hombres. Tanto si se ofrecen las fuentes con alimentos a los comensales, como si se colocan en la mesa, cada uno debe servirse a sí mismo, ya que no es correcto que los anfitriones o algún invitado sirva a los demás. La excepción a esta regla la marca el **consomé**, que se sirve en la cocina en taza con dos asas, la cual se coloca sobre su plato y así se lleva a la mesa. Las **bandejas, fuentes o soperas** se ofrecerán por el lado izquierdo del comensal, y también por este lado se colocarán los **platos**, que serán retirados siempre por la derecha. El agua o el vino pueden servirlo los anfitriones, sin atosigar a los comensales si éstos no desean más. Si hay servicio, éste llenará los vasos o copas cuando estén vacíos desde el lado derecho del comensal. Mientras que el **agua** se presenta en jarras, distribuidas por la mesa de forma que a todos les sea fácil alcanzarlas, el **vino** debe ir en botellas; si es un **tinto** de reserva se presentará tumbado en un cesto adecuado y si tiene menos de seis años se deja la botella erguida. En cualquier caso debe descorcharse en la mesa, sin mover demasiado la botella (es el sacacorchos el que gira). Los **cavas y vinos blancos** han de mantenerse en una cubitera con hielo. Antes de servir el **postre**, la mesa debe despejarse retirando todos los platos, copas y cubiertos usados, así como los utensilios innecesarios como pudieran ser saleros o vinagreras. Se sirve primero la fruta, luego los dulces y por último los helados.

Cuando se acaba de tomar el postre, los anfitriones deben levantarse de la mesa para indicar a los demás el lugar donde se tomará el **café** y los **licores**. Este lugar puede ser una habitación diferente u otro lugar del comedor. No es adecuado que los anfitriones intenten recoger la mesa donde se ha comido en este momento, sino que es mejor que acompañen a los invitados. Para servir el café se deben tener preparados vasos, copas y tazas en una mesa aparte o en un carrito; se pregunta a cada uno qué desea tomar y se le sirve antes de preguntar al siguiente.

3 | Comportamiento en la mesa

A la hora de sentarnos en la mesa no se debe correr, pero tampoco hacernos los remolones. Una vez que sabemos cuál es nuestro lugar, nos sentaremos, teniendo en cuenta que se han de sentar primero, las personas mayores y las mujeres. Al ocupar nuestro asiento adoptaremos una postura natural, no demasiado rígida, pero tampoco doblados sobre la mesa. Las normas de comportamiento más estrictas aconsejan no apoyarse en el respaldo de la silla, pero eso puede resultar muy cansado, así que está permitido tocar el respaldo de la silla con nuestra

Existe una clara diferencia entre poner la mesa y distribuir la cubertería.

espalda. En cuanto a la colocación de las manos y brazos, lo mejor es que nuestro antebrazo descanse sobre el borde de la mesa; mientras comemos los codos deben estar próximos, aunque no pegados, a nuestro cuerpo. Una vez sentados, retiraremos la servilleta del plato y la colocaremos extendida sobre el regazo. Nunca se pondrá al cuello o a modo de babero. La servilleta se usa antes y después de beber, sin restregar con ella los labios, sino con suaves presiones; si se mancha mucho –deben tener especial cuidado las mujeres con el carmín– hay que procurar que la suciedad no se vea demasiado al usarla otra vez o mientras se tiene sobre las piernas. Antes de que sirvan la comida no se bebe agua, aunque sí se puede tomar vino, y no se mordisquea el pan. Si nos ofrecen las fuentes o bandejas para que nos sirvamos, debemos hacerlo con rapidez, sin elegir ni rebuscar determinada pieza, sino que debemos tomar la más próxima a nosotros. Lo ideal sería formar una pinza con la cuchara y el tenedor, pero si no estamos seguros de hacerlo bien, es preferible coger el tenedor con la mano izquierda y la cuchara con la derecha y servirnos así. Si no queremos más cuando alguien nos inste a repetir, debemos rechazar el ofrecimiento, pero sin gestos exagerados o comentarios de los del tipo: «no me cabe más». Es conveniente saber que si estamos invitados debemos tomar de todos los alimentos que nos ofrecen, aunque no nos gusten demasiado. Por supuesto que no empezaremos a comer hasta que todos los comensales estén servidos. A la hora de comer debemos tener en cuenta que los alimentos se acercan a la boca, y no al revés; es decir, no nos acercaremos al plato para «cazar» algún alimento.

Se mastica con la boca cerrada y se toman bocados pequeños. En el caso de platos de cuchara ésta no debe llenarse demasiado, ya que corremos el riesgo de que se vaya cayendo el líquido hasta llegar a la boca, y no se soplan ni se remueven aunque estén muy calientes, sino que se espera o se va cogiendo cucharadas de la superficie y de los bordes, que estarán más fríos. La cuchara se coge con la mano derecha, descansándola en la horquilla formada por los dedos pulgar e índice, dejando como base el dedo corazón. Se introduce en la boca ligeramente ladeada y el líquido se toma sin hacer ruido. Hay que procurar que no choque fuerte contra el plato al volver a llenarla. Cuando estamos terminando de comer un plato de sopa o puré y ya no podemos coger más cantidad, es correcto dejarlo así; por el contrario, si preferimos tomar más, inclinaremos el plato,

cogiéndolo por el borde, pero no hacia nosotros, sino hacia el interior de la mesa. Es la única ocasión a lo largo de la comida en la que está permitido tocar el plato con la mano. Al terminar de usar la cuchara se deja en el centro del plato, colocada perpendicular al borde de la mesa, con el mango más cerca de nosotros y con la cuenca hacia arriba. Por último recordar que si el primer plato de un menú es de sopa, no se debe beber agua hasta haber acabado de tomar aquélla. Cuando usemos cuchillo y tenedor lo primero es elegir el adecuado. Se empiezan a coger desde fuera hacia adentro, de modo que hay que usar en primer lugar el que está más alejado del plato. El cuchillo se cogerá con la mano derecha, abrazándolo con todos los dedos, pero sin extender el índice por el lomo del cuchillo; se utiliza para cortar los alimentos o para acercarlos al tenedor, pero no para llevarlos a la boca. El tenedor se coge, generalmente con la mano izquierda, de la misma forma que el cuchillo, si se usa para pinchar alimentos y llevarlos a la boca; si se trata de recoger una porción de comida, se toma como una cuchara. Los alimentos blandos se cortan con el tenedor y no con el cuchillo; si éste no se usa, el tenedor se cogerá con la mano derecha y en este caso podemos

Para cada tipo de bebida hay una copa o un vaso apropiado.

7

ayudarnos con un trocito de pan que tendremos en la mano izquierda. En el caso de los cubiertos de pescado hay ciertas diferencias. La pala se usa para separar trocitos del pescado, no para cortarlo, y nunca se lleva a la boca. El tenedor no se usa con las puntas hacia arriba, sino que se pincha el pescado y, con la ayuda de la pala, se coloca éste sobre la parte convexa del tenedor. Si mientras estamos usando el cuchillo y el tenedor tenemos que hacer una pausa, por ejemplo para beber, aquéllos se dejarán apoyados en el borde del plato, formando un ángulo con el vértice hacia el interior de la mesa, pero nunca se pondrán en forma de remos, descansando sobre el plato y la mesa. Al terminar se dejarán colocados dentro del plato, perpendiculares al borde de la mesa, con las empuñaduras más próximas a nosotros, con las púas del tenedor hacia arriba y el filo del cuchillo mirando al interior; no deben dejarse cruzados el uno sobre el otro. Recordamos aquí que los alimentos se cortan a medida que se van comiendo, y sobre el plato sólo deben quedar los restos naturales, como huesos o espinas, ya que es conveniente terminar todo lo que nos hemos servido. No se debe rebañar el plato, ni siquiera pinchando un trozo de pan con el tenedor, aunque la

salsa sea exquisita. El postre se toma normalmente con cucharilla y tenedor de postre; en algunos casos será necesario el uso de cuchillo y tenedor, según la forma explicada. Cuando se toma fruta que haya que pelar, esta operación se hace con cuchillo y tenedor, sin tocarla con las manos; al quitar la piel no se debe formar con ella una espiral, sino que las piezas esféricas se cortan en cuartos y cada uno se pela por separado. Sin embargo hay frutas, como las uvas, las cerezas, las ciruelas y las mandarinas, que sí se toman con las manos. Mientras comemos debemos procurar mantener una conversación relajada y suave, que no nos impida comer al ritmo de los demás comensales y poniendo especial cuidado en no hablar con la boca llena, lo cual se facilita comiendo pequeñas porciones de cada vez. Procuraremos no molestar a los demás demandándoles cosas constantemente, pero si necesitamos algo lo pediremos por favor y daremos las gracias; deberemos acercar a quien nos lo solicite el agua, el vino o los saleros. Se deberá evitar también la sensación de glotonería que se produce al comer demasiado deprisa o al estar ocupados sólo en comer, sin participar en la charla. Si a lo largo de la comida nos surge algún imprevisto, como unas

Sólo algunas frutas, como las cerezas, se toman con las manos.

irresistibles ganas de estornudar, o un problema con una espina, procuraremos comportarnos con discreción y pedir perdón pero de forma casi inaudible, para no obligar a los demás comensales a interrumpir su conversación. Al finalizar la comida no se usarán palillos en ningún caso y no se fumará hasta que todos los comensales hayan terminado de comer. En este punto es conveniente preguntar si se puede fumar, ya que quizá los anfitriones o algún invitado no soporten el humo del cigarrillo; un truco útil es observar la actitud de los demás o ver si hay ceniceros sobre la mesa. Antes de levantarse para tomar el café, se deja la servilleta sobre la mesa, de una forma natural, sin que quede hecha un trapo, pero sin doblarla perfectamente ya que se supone que la van a lavar. Después de comer, normalmente se tomará el café. El azúcar no debe removerse demasiado tiempo; luego la cucharilla se deja sobre el platito, pues no se bebe el café con ella dentro de la taza; tampoco se sopla aunque esté muy caliente. Hay que tener en cuenta que la taza se sostiene por el asa y el platillo debe acercarse con ella cuando se levanta de la mesa. Una vez tomado el café y si sólo hemos sido invitados a almorzar o a cenar, debemos considerar la posibilidad de irnos, para lo cual debemos buscar el momento más adecuado, que no dé la impresión de que queremos salir corriendo, pero que no tengan que echarnos. Podemos pensar en las ocupaciones de nuestros anfitriones (si tienen que ir al trabajo, o si acostumbran a acostarse pronto). También hay que tener en cuenta que las sobremesas por la noche suelen prolongarse más que las del almuerzo.

3 | Comer en un restaurante

Si en vez de almorzar o cenar en casa decidimos ir a un restaurante o si somos invitados por alguien, debemos seguir otras normas de comportamiento, además de las expuestas hasta ahora, determinadas por esta circunstancia especial. Los anfitriones, si los hubiera,

deben llegar antes de la hora a la que han citado a sus invitados para recibirlos personalmente. Si se llevan prendas de abrigo, al entrar en el restaurante el hombre se quitará la suya y la entregará en el guardarropa y luego ayudará a la mujer; si no hay servicio de guardarropas, las prendas se colocarán cuidadosamente en el respaldo de la silla que esté situada ante nuestra mesa. La colocación de los comensales es la misma que la indicada para las comidas en casa; en este caso el lugar de preferencia será el que resulte más cómodo o que tenga mejores vistas interiores o exteriores. Si sólo va una pareja al restaurante, se toma como norma general que el hombre se coloque a la izquierda de la mujer. Una vez situados, se debe evitar dar la impresión de que se está inspeccionando el local, mirando en todas las direcciones. Sí conviene echar un vistazo rápido y discreto, por si hubiese algún conocido al que deberíamos saludar y que puede tener la sensación de que le estamos evitando si no lo hacemos. En el caso de que haya en el local algún conocido, se le saludará desde lejos con un gesto, ya que si nos acercamos podría sentirse molesto. En la circunstancia de que alguien a quien conocemos pase a nuestro lado, lo saludaremos sin levantarnos. Sin

embargo, si hay mucha relación y esa persona va a quedarse hablando con nosotros algunos minutos, nos pondremos de pie y permaneceremos así hasta que se vaya. A la hora de elegir el menú hay que hacerlo con rapidez y seguridad, ya que la indiferencia por uno u otro plato provoca un mal efecto. Si somos invitados deberíamos obviar los platos demasiado caros. Durante la comida se mantendrá una conversación adecuada, siempre en un tono que no moleste a los demás, pero no tan bajo que nuestros acompañantes no puedan oírnos. Las indicaciones y llamadas a los camareros se harán de forma discreta, y es costumbre que se dirija a ellos el hombre y no la mujer. A la hora de pagar, si somos los que hemos invitado, podemos optar por quedar de acuerdo con el maître y pagar en un aparte, o pedir la cuenta delante de nuestros invitados, lo cual haremos con la máxima discreción, evitando mostrar disgusto por la cuantía de la factura y hacer gestos de ostentación; lo correcto es dejar el dinero o las tarjetas de crédito sobre la bandeja donde han traído la cuenta y entregársela de nuevo al camarero.

Entremeses y salsas

Con todos estos entrantes que figuran a continuación –canapés, calamares a la romana, gambas al ajillo, croquetas o empanadillas- podrá hacerse una idea de la gran variedad de recetas que puede preparar como preludio de un menú sencillo pero de gran éxito.

Además, las salsas son fundamentales en una buena cocina y dan su toque mágico a cada receta. Seguro que encontrará aquí su salsa favorita para convertir cualquier plato en una auténtica delicia y ¡sin muchas complicaciones!

fácil
Canapés

➤ pan de molde
mantequilla o margarina
chorizo | huevos cocidos | pepinillos
queso | ensaladilla | jamón
sardinas | caviar | gambas
colas de cangrejo

🕐 Preparación: 20 min

1 | Cortar el pan en rebanadas finas y darles la forma que se desee. Conviene quitar los laterales que suelen ser duros.

2 | El pan se puede untar con mantequilla o margarina y luego freírlo rápidamente, o tostarlo sobre la placa o en una tostadora.

3 | Colocar sobre el pan uno o varios ingredientes, procurando que resulten agradables tanto al gusto como a la vista.

fácil
Salsa vinagreta

➤ ajo
limón
cebolla
perejil
aceite de oliva
sal

🕐 Preparación: 5 min

1 | Picar fino la cebolla, el perejil y el ajo. Agregar el aceite y un chorro de limón. Sazonar con sal mezclada con un poco de agua. Remover todo muy bien, hasta que adquiera el espesor deseado. Servir con ensaladas y pescados cocidos.

fácil
Aceitunas negras

➤ **500 g (1 lb) de aceitunas negras | 2 cs de aceite**
  1/2 cebolla picada
  1 ct de pimentón picante
  1 chorro de zumo de limón

⊘ Preparación: 5 min

1 | Poner las aceitunas en un bol y echarles por encima el resto de los ingredientes en crudo. Removerlas bien y dejarlas reposar.

TRUCO Si las aceitunas son verdes se les puede añadir pepinillos.

fácil
Angulas

➤ **250 g (9 oz) de angulas**
  2 cs de aceite
  2 dientes de ajo | sal

⊘ Preparación: 5 min

1 | Elegir las angulas grandes y blancas, procurando desechar las delgadas y oscuras. Lavarlas bien.

2 | Poner a hervir agua con sal en un recipiente; cuando esté cociendo echar las angulas y dejar que hiervan durante un minuto. Escurrirlas y secarlas con un paño.

3 | En una cazuela de barro refractaria echar el aceite y freír en ella los ajos. Añadir después las angulas, sólo para que se calienten, sin llegar a freírlas.

4 | Servir inmediatamente, en la misma cazuela o en otras individuales.

fácil
Calamares a la romana

➤ **250 g (9 oz) de calamares**
  harina | sal | bicarbonato

⊘ Preparación: 30 min

1 | Lavar y limpiar bien los calamares. Cortarlos después en tiras o en aros.

2 | Preparar una crema para rebozarlos con agua, harina, sal y un poco de bicarbonato, de forma que quede ligera.

3 | Rebozar los calamares en esta crema y freírlos en abundante aceite hirviendo.

fácil
Emparedados

➤ **pan de molde**
  mantequilla o margarina
  chorizo | jamón | queso
  huevos cocidos
  pepinillos | ensaladilla
  sardinas | gambas
  caviar | foiegras

⊘ Preparación: 20 min

1 | Los emparedados se hacen igual que los canapés, pero con dos rebanadas de pan, una por encima y otra por debajo.

2 | Pueden rebozarse, una vez rellenos, en huevo batido y luego freírlos.

TRUCO Puede mojarse el pan en leche y luego hacer emparedados de jamón. Éstos se rebozan en huevo y se fríen en aceite muy caliente.

Gambas al ajillo

➤ 500 g (1 lb) de gambas
4 dientes de ajo
guindilla | aceite

⏱ Preparación: 30 min

1 | Pelar las gambas y ponerlas en agua con sal unos minutos.

2 | Colocar las colas en cazuelas de barro individuales y picar sobre ellas el ajo y las guindillas, según el gusto.

3 | Rociarlas con aceite hirviendo y dejarlas un rato al fuego.

4 | Retirarlas y servirlas rápidamente mientras hierven.

Empanadillas

➤ Para la masa:
1/2 vaso de vino blanco
1/2 vaso de agua
1/2 vaso de aceite
sal | harina (la que admita)

1/2 ct de levadura en polvo
➤ Para el relleno:
carne, pescado, bonito o huevos cocidos, todo ello ya preparado y desmenuzado

⏱ Preparación: 40 min

1 | Mezclar el vino, el aceite y el agua, y disolver en todo ello la sal y la levadura. Agregar luego la harina necesaria hasta formar una pasta, no muy dura, y dejarla reposar durante 30 minutos.

2 | Estirar la pasta y cortarla en círculos con un vaso. Poner en cada uno 1 ct de la farsa preparada para el relleno.

3 | Cerrar la pasta y apretar los bordes con los dedos o con las puntas de un tenedor para que no se salga el relleno.

4 | Freírlas en abundante aceite caliente, echando ésta por encima de las empanadillas con la espumadera para evitar tener que darles la vuelta.

TRUCO

La pasta puede hacerse con leche en vez de con agua y vino, o agregar un huevo batido. El relleno puede ser también una crema dulce.

Gambas a la gabardina

➤ 500 g (1 lb) de gambas
2 huevos | 3 cs de leche
sal | harina | aceite

⏱ Preparación: 30 min

1 | Poner a cocer, las colas de gambas, ya peladas, en agua con sal durante 2 minutos.

2 | Preparar una crema de esta forma: llevar a punto de nieve dos claras de huevo e ir agregando con cuidado la leche, un poco de sal y la harina necesaria para que espese.

3 | En esta crema, rebozar las las gambas cogiéndolas por las colas y freírlas en abundante aceite caliente. Servirlas calientes.

elaborada
Croquetas

➤ aceite | 1/2 l (17 fl oz) de leche | 4 cs de harina | sal
picadillo de carne, jamón, o pescado, etc.
pan rallado | 2 huevos batidos

🕐 Preparación: 40 min

1 | En el aceite bien refrito con ajos, pan y corteza de naranja, rehogar la harina, sin que se dore mucho. Agregar la leche fría poco a poco, removiendo constantemente durante 15 minutos hasta que hierva. Esta pasta debe quedar más sólida que la bechamel normal.

2 | Rehogar el picadillo en la sartén y añadirlo a la pasta ya cocida.

3 | Extender la pasta sobre una fuente humedecida con agua fresca y dejarla enfriar.

4 | Una vez fría, dar forma a las croquetas, pasarlas por huevo y, luego, por pan rallado y freírlas en abundante aceite bien caliente.

TRUCO Para la pasta se puede utilizar caldo de carne en vez de leche.

fácil
Besamel

➤ 1/2 l (17 fl oz) de leche
2 ó 3 cs de harina | sal
1 cs de mantequilla ó 2 de aceite

🕐 Preparación: 15 min

1 | Desleír la harina en la leche fría, agregar la mantequilla o el aceite y dejarlo cocer 10 ó 12 minutos, removiendo bien para que no se pegue.

2 | Una vez cocida, sazonarla con sal y remover para que tome la sustancia.

TRUCO También se puede hacer rehogando la harina en el aceite o la mantequilla caliente (2 cs de aceite por 1 de harina), e ir añadiendo la leche hasta que espese, removiendo bien.

fácil
Mayonesa

➤ 1 huevo | 1/4 l (9 fl oz) de aceite
1 cs de vinagre o zumo de limón, sal

🕐 Preparación: 2 min

1 | Colocar, por este orden, el huevo, el vinagre, la sal y el aceite en el recipiente de la batidora.

2 | Introducir el brazo de la batidora hasta el fondo; conectarla y mantenerla sin mover hasta que ligue todo el aceite.

3 | Sin parar la batidora, ir levantando despacito y, cuando llegue casi al límite de la mayonesa, introducirlo rápidamente una o dos veces. La mayonesa estará lista.

TRUCO La mayonesa también puede hacerse a mano. En este caso hay que ir echando el aceite poco a poco.

fácil
Alioli

➤ salsa mayonesa | ajo

🕐 Preparación: 5 min

1 | Una vez preparada la mayonesa (ver receta), añadir ajo muy machacado, al gusto de cada uno, y remover bien.

fácil
Salsa para todo

➤ 2 tazas (de las de café) de caldo de carne
3 limones grandes | laurel
11/2 taza de vino blanco
1 clavo | pimienta | sal
1 trozo de piel de naranja

🕐 Preparación: 2 min

1 | Poner todos los ingredientes en una cacerola de barro o cristal. Taparla bien y dejarla reposar en un lugar fresco durante unas diez horas.

2 | Después, colarla, verterla en una botella y guardarla para cuando se necesite. Se conserva durante mucho tiempo.

fácil
Salsa al ajo arriero

➤ ajo | limón aceite | sal

🕐 Preparación: 5 min

1 | Machacar ajo en un mortero y agregar un chorro de zumo de limón y bastante aceite. Sazonar con sal y removerlo todo muy bien.

fácil
Salsa verde

➤ 2 cs de harina | aceite
1 cs de cebolla picada
perejil | sal | ajo
caldo o agua

🕐 Preparación: 5 min

1 | En aceite caliente, dorar la harina y luego la cebolla, muy picadita y machacada después en el mortero.

2 | Una vez dorada, agregar caldo o agua (más o menos, 1/4 l) y dejarlo cocer unos minutos; sazonar con sal.

3 | Machacar unas hojas de perejil en el mortero y agregar un poco de agua. Verterlo sobre la salsa cuando ya esté cocida.

fácil
Salsa de pescado

➤ 500 g (1 lb) de despojos de pescado | 3 puerros
1 vasito de vino blanco
250 g (9 oz) de tomates
3 cs de mantequilla
zumo de 1/2 limón
sal | pimienta | perejil
1 ct de harina | aceite

🕐 Preparación: 30 min

1 | Lavar bien los despojos de pescado y cocerlos en agua.

2 | Rehogar 1 ct de harina en la mantequilla y agregar los puerros picados fino, una pizca de pimienta y el vino blanco. Ponerlo a cocer unos minutos.

3 | Después, añadir los tomates troceados, sin semillas, el perejil picado y el zumo de limón, y dejarlo cocer todo unos minutos más.

Primeros platos

Ensaladas y verduras, potajes y sopas, pastas y arroces, huevos y tortillas, la riqueza y variedad de los primeros platos en la gastronomía española es impresionante. Si es verano un nutritivo gazpacho o una refrescante ensalada, si es invierno un reconfortante caldo o un contundente cocido resultará más acertado. Una exquisita tortilla de patatas también es una atractiva opción. Da igual por cual nos decidamos, todas las recetas resultan sencillas y fáciles de combinar en un menú.

fácil
Gazpacho

➤ 6 tomates medianos
2 cebolletas | 3 pepinos
2 vasos de agua
sal | pimienta
unas rebanadas de pan
ajo | perejil | limón

🕐 Preparación: 5 min

1 | Trocear bien todos los ingredientes.

2 | Preparar una mezcla con un chorro de limón, aceite y sal, y aliñar con ella todos los ingredientes. Agregar el agua y remover bien.

fácil
Ensalada campera

➤ 1/2 lechuga | 2 tomates grandes
1 cebolla | 1 pimiento verde
1 lata de atún en escabeche
2 patatas grandes | 3 huevos duros
16 olivas negras con hueso
vinagre | aceite | sal

🕐 Preparación: 30 min

1 | Lavar las patatas y cocerlas sin pelar, al igual que los huevos.

2 | Una vez hayan enfriado, pelar las patatas y cortarlas en láminas. Hacer lo mismo con los huevos cocidos y poner todo en una fuente.

3 | Incorporar después el resto de los ingredientes ya troceados y aliñar la ensalada al gusto. Servirla fría o templada.

fácil
Ensalada de verduras

➤ 500 g (1 lb) de alcachofas
200 g (7 oz) de guisantes
3 zanahorias
6 espárragos
2 patatas medianas
zumo de limón
pimienta blanca
mostaza
guindilla
aceite | sal

🕘 Preparación: 30 min

1 | Cocer todas las verduras, excepto los espárragos, en agua hirviendo sin sal. Después trocearlas en pedazos iguales y escurrirlas.

2 | Hacer una salsa con jugo de limón, aceite, sal y las especias, según el gusto; mezclar bien y regar con ella las verduras cocidas.

3 | Mezclar todo bien y adornar la ensalada con los espárragos, también sazonados con la salsa.

fácil
Ensaladilla rusa

➤ 250 g (9 oz) de judías en vaina
250 g (9 oz) de patatas con piel
100 g (4 oz) de zanahorias
100 g (4 oz) de guisantes
100 g (4 oz) de pepinillos
salsa mayonesa

🕘 Preparación: 40 min

1 | Lavar las patatas, sin pelarlas, y ponerlas a cocer enteras. Cocer también las judías verdes y las zanahorias.

2 | Una vez cocidas, pelar las patatas y trocearlas en pedazos pequeños. Trocear igualmente las judías y las zanahorias.

3 | Mezclar las patatas, las zanahorias y las judías con los guisantes, pepinillos y aceitunas, también troceados.

4 | Añadir la mayonesa (véase receta) y mezclar todo bien.

fácil
Pisto

➤ 250 g (9 oz) de patatas
2 huevos
1 tomate | 1 pimiento
1 diente de ajo | aceite
perejil | sal | 1 cebolla
1 loncha grande de jamón con tocino

🕘 Preparación: 5 min

1 | Pelar las patatas y lavarlas; cortarlas en cuadrados, salarlas y freírlas.

2 | Agregar a las patatas el jamón, cortado en cuadraditos, la cebolla picada, el ajo y el pimiento. Cuando todo esté bien pasado añadir el tomate, sin piel ni semillas, y los dos huevos batidos.

3 | Sazonar todo con sal y remover bien. Una vez pasados los huevos, servir el plato.

Fotografía: **Ensaladilla rusa** ➤

elaborada
Berenjenas rellenas

➤ 8 berenjenas | 1 huevo
100 g (4 oz) de avellanas y piñones | aceite | sal
200 g (8 oz) de carne picada
50 g (2 oz) de jamón
1 taza de caldo o de agua
1 diente de ajo | 1/2 cebolla
1/2 cs de queso rallado
1 cs de mantequilla

🕐 Preparación: 1 h

1 | Lavar las berenjenas, cortarlas longitudinalmente y ponerlas a remojo en agua con sal 30 minutos. Luego, escurrirlas, retirar la pulpa y reservarla.

2 | Rehogar en aceite 3/4 partes de la cebolla, el ajo, la carne picada, el jamón y la pulpa de la berenjena. Sazonar.

3 | Rehogar el resto de la cebolla aparte. Agregar las avellanas y los piñones machacados y el caldo sin sal. Dejar cocer 20 minutos.

4 | Rellenar las berenjenas con el sofrito de la carne picada. Poner un poco de mantequilla sobre el relleno y meterlas al horno 5 minutos.

5 | Colar el caldo preparado anteriormente y echarlo sobre las berenjenas. Espolvorearlas de queso rallado y ponerlas de nuevo en el horno 30 minutos. Deben quedar jugosas pero sin mucha salsa.

elaborada
Pimientos rellenos

➤ 8 pimientos pequeños
300 g (12 oz) de carne picada o jamón | caldo o agua | 1 ó 2 huevos
1 cebolla | 1 diente de ajo
perejil | 2 tomates
pan rallado | aceite | sal

🕐 Preparación: 40 min

1 | Lavar los pimientos, quitarles el rabo y retirar las semillas, teniendo cuidado de no romperlos.

2 | Preparar un relleno con los tomates pelados y sin semillas, un trozo de cebolla, ajo y una ramita de perejil, todo bien picado, a lo que se añade la carne, sazonada con sal.

3 | Ligar la mezcla anterior con el huevo batido y rellenar con ella los pimientos, poniéndolos boca arriba. Freírlos.

4 | Una vez fritos, colocarlos en una cacerola, cubrirlos de caldo y dejarlos cocer hasta que estén tiernos.

5 | Una vez cocidos, pelarlos con mucho cuidado y colocarlos sobre la fuente de servir. Pasar la salsa de cocerlos por un tamiz y verterla sobre los pimientos.

elaborada

Budín de verduras

➤ 200 g (7 oz) de carne
cebolla | 1 repollo | sal
1 diente de ajo | perejil
caldo o agua | pan rallado
aceite | salsa bechamel

🕐 Preparación: 40 min

1 | Lavar y trocear la verdura. Ponerla a cocer en agua o caldo hirviendo hasta que esté bien blanda.

2 | En una sartén con un poco de aceite rehogar la carne hasta que esté doradita. Luego, añadir la cebolla, el ajo y el perejil, todo bien picado. También puede agregarse tomate o pimiento. Salar.

3 | Una vez cocida la verdura, escurrirla bien y mezclarla con la carne rehogada.

4 | Untar un molde con mantequilla o aceite y espolvorearlo con pan rallado. Poner en él la mezcla de verdura y carne procurando que queden bien unidas.

5 | Desmoldar el budín sobre una fuente y bañarlo con salsa bechamel (véase receta) muy caliente. Servir de inmediato.

fácil

Guisantes con jamón

➤ 500 g (1 lb) de guisantes
500 g (1 lb) de dados de jamón con algo de tocino
aceite | 1 cebolla | perejil
unos cogollos de lechuga
1 vaso de caldo o de agua
sal | 1 diente de ajo
costrones de pan frito

🕐 Preparación: 30 min

1 | Poner aceite en una sartén y rehogar los dados de jamón unos instantes.

2 | Agregar los guisantes, el perejil y la cebolla en trozos grandes, así como los cogollos de lechuga y el ajo entero. Salar, teniendo en cuenta el sabor del jamón.

3 | Una vez rehogado todo, agregar el caldo o agua y dejar cocer lentamente hasta que los guisantes estén tiernos.

4 | Servir, con o sin salsa, acompañados de costrones de pan frito.

fácil

Caldo de carne

➤ 2 zanahorias | 1 puerro
1 diente de ajo sin pelar | perejil
500 g (1 lb) de carne de vaca o de novillo
2 ó 3 kg (4 1/2 lb o 6 1/2 lb) de huesos de caña | sal

🕐 Preparación: 1 h

1 | Poner a cocer todos los ingredientes en agua suficiente para que los cubra bien.

2 | Dejarlo cocer tapado hasta que el líquido se reduzca a un tazón, aproximadamente.

3 | Dejarlo enfriar, quitar la grasa y sazonar con sal. Conservarlo en un sitio fresco.

4 | Cuando se necesite caldo de carne, mezclar 1 cs del preparado anterior con 1/2 l de agua hirviendo. Si se desea una salsa, la cantidad de agua será menor.

fácil
Caldo de gallina

➤ 1/4 kg (1 lb) de gallina
1 tacita de garbanzos
1 hueso de vaca, preferible de rodilla
1 rama de perejil
1 diente de ajo │ cebolla
2 zanahorias pequeñas
sal │ 1 trozo de jamón

🕐 Preparación: 3 h

1│En 2 litros de agua fría poner la gallina, bien limpia, el jamón y el resto de los ingredientes excepto la sal. Dejarlo cocer unas 3 horas y sazonar.

2│Colar el caldo antes de servirlo, bien sólo o con unas sopas de pan o con una yema batida.

NOTA
Si se hace en olla a presión se pondrá sólo 11/2 l de agua. En este caso, el tiempo de cocción se reduce a unos 20 minutos.

fácil
Caldo gallego

➤ 1 lacón │ 1 tazón de judías
150 g (5 oz) de costilla o espinazo salado
100 g (4 oz) de tocino
6 patatas enteras
6 hojas de berza grandes
1 cs de manteca de cerdo
1 chorizo │ pimentón

🕐 Preparación: 45 min

1│Las judías deben ponerse a remojo durante varias horas.

2│En 2 litros de agua hirviendo poner a cocer todos los ingredientes excepto el tocino, la manteca y la sal, teniendo en cuenta que las patatas deben ir peladas pero enteras.

3│Cuando todo esté cocido -unos 30 minutos en cazuela-, derretir en la sartén la manteca de cerdo, rehogar el pimentón y echar en él el caldo. Si hemos puesto chorizo el pimentón puede suprimirse. Salar y dejar reposar unos minutos antes de servirlo.

fácil
Sopa juliana

➤ 1 lacón │ 1 nabo pequeño
1 zanahoria grande
100 g (4 oz) de judías verdes │ 1 patata mediana
4 hojitas de berza o 2 de repollo rizado
2 hojas de espinacas
1 cogollo de coliflor
2 ó 3 espárragos
2 puerros │ 1 hueso de vaca │ 1 hueso de jamón
aceite │ sal │ pimentón

🕐 Preparación: 40 min

1│Lavar y pelar todas las verduras si es necesario. Trocearlas en tiras finas y alargadas.

2│Poner a cocer las verduras y los huesos en agua hirviendo.

3│Dejarlas hasta que estén tiernas. Sazonar con sal y aceite. Sacar los huesos y dejar reposar la sopa un rato. Servirla caliente.

elaborada

Cocido castellano

➤ 4 puñados de garbanzos
200 g (8 oz) de cecina o jamón | 1 trozo de chorizo
100 g (4 oz) de tocino
100 g (4 oz) de carne de vaca | 1 hueso | sal
1 cebolleta ó 1 puerro
fideos | repollo | aceite

🕐 Preparación: 1 h

1 | Poner los garbanzos a remojo en agua caliente 8 ó 10 horas. Después, ponerlos a cocer en agua hirviendo con todas las carnes; cuando ya estén casi cocidos, sazonarlos.

2 | En una cazuela aparte poner a cocer el repollo con unos trozos de cebolla y ajo.

3 | Una vez cocido el repollo, sazonarlo y aliñarlo con un refrito de pimentón.

4 | Pasar una parte del caldo de cocer los garbanzos a otra cazuela para preparar la sopa. Dejarla cocer 10 minutos.

elaborada

Patatas rellenas

➤ 1 1/2 kg (3 1/4 lb) de patatas
200 g (8 oz) de carne picada
2 huevos | 1 cebolla
1 diente de ajo | perejil
aceite | harina
1/2 pimiento | 2 tomates
caldo o agua
1/2 vasito de vino blanco

🕐 Preparación: 50 min

1 | Pelar y lavar las patatas. Extraerles la pulpa, dejando un hueco en el interior.

2 | Preparar una farsa con la carne picada, la cebolla, los tomates sin piel ni semillas, el pimiento, el ajo y el perejil, todo muy picadito. Salar y agregar un huevo batido.

3 | Rellenar las patatas con la farsa, rebozarlas después en harina y en huevo batido, y freírlas en aceite

4 | Una vez fritas, pasar las patatas a una cazuela en la que tendremos el caldo o agua hirviendo mezclado con un chorro de vino blanco.

7 | Dejarlas cocer hasta que estén tiernas y servirlas con la misma salsa.

fácil

Tallarines

➤ 200 g (8 oz) de tallarines
200 g (8 oz) de carne picada
1 cs de queso rallado
250 g (10 oz) de tomate
1/2 cebolla | sal | perejil
1 ct de mantequilla
1 hoja de laurel | aceite

🕐 Preparación: 50 min

1 | Poner a cocer los tallarines en abundante agua hirviendo con sal, laurel, un trozo de cebolla y 1/2 ct de mantequilla. Removerlos bien.

2 | Condimentar la carne picada con sal, ajo y especias, según el gusto, y sofreírla en una sartén junto con los tomates sin piel ni pepitas.

3 | Escurrir los tallarines cocidos, refrescarlos en agua fría y mezclarlos con la carne.

4 | Colocarlos en una fuente de hornear, espolvorearlos de queso rallado y gratinarlos.

elaborada

Canelones

➤ 16 láminas de canelones
500 g (1 lb) de picadillo de carne, pescado o ave
1 cebolla | ajo | perejil
200 g (8 oz) de tomates
aceite | salsa bechamel
100 g (4 oz) de queso rallado

🕐 Preparación: 40 min

1 | Cocer la pasta en agua hirviendo con sal durante unos 10 minutos (al dente), removiendo para que no se pegue.

2 | Una vez cocida, sacarla y extenderla sobre un paño.

3 | Rehogar el picadillo en la sartén con la cebolla y el tomate, troceados, y aderezar según el gusto. Dejar que se haga.

4 | Rellenar los canelones con el picadillo y enrollarlos. Colocarlos juntos en una fuente de hornear.

5 | Cubrirlos con la bechamel (véase receta) y espolvorearlos con queso rallado. Hornear muy caliente 15 minutos.

fácil

Macarrones a la italiana

➤ 200 g (7 oz) de macarrones
1 cs de queso rallado
2 cs de mantequilla
1 chorizo | 1/2 cebolla
250 g (10 oz) de tomates
1 diente de ajo | sal
perejil | pimentón
1 hoja de laurel | aceite

🕐 Preparación: 20 min

1 | Poner a cocer agua abundante con sal, laurel y un trozo de cebolla. Cuando hierva echar los macarrones y remover para que no se peguen.

2 | En el aceite freír el chorizo, troceado y sin piel, 1 cs de cebolla picada, perejil y 1 diente de ajo. Agregar después el tomate partido, sin piel ni semillas, y dejar hacer todo junto.

3 | Escurrir los macarrones y echar sobre ellos el chorizo con el tomate.

4 | Mezclar todo bien y ponerlo en una fuente refractaria;

espolvorear con queso rallado y colocar unas bolitas de mantequilla encima. Hornear a temperatura media 2 ó 3 minutos. Servirlos en la misma fuente.

elaborada

Ravioli

➤ 16 láminas de canelones
300 g (12 oz) de carne, jamón, bonito o cualquier otro relleno
salsa bechamel o de tomate
queso rallado

🕐 Preparación: 40 min

1 | Poner a cocer la pasta (véase «canelones al horno»).

2 | Extenderla sobre un paño y poner 1 cs de relleno en cada lámina. Doblar la pasta por la mitad como si fuesen empanadillas.

3 | Colocar los ravioli en una fuente refractaria y cubrirlos con salsa bechamel (véase receta) o salsa de tomate. Ponerlos en el horno caliente 10 minutos. Servir calientes.

Fotografía: **Canelones** ➤

elaborada
Paella valenciana

➤ **500 g (1 lb) de arroz**
1/2 **pollo** | 1/2 **conejo**
1/4 **de kg de judías verdes**
1/4 **de kg de guisantes**
1/4 **de kg de alcachofas**
1 **tomate** | **limón** | **sal**
aceite de oliva
pimentón | **azafrán**

🕐 Preparación: 2 h

1 | Cortar el pollo y el conejo en trozos medianos y salar.

2 | Poner aceite en la paellera y, cuando esté caliente, sofreír, a fuego lento, el pollo y el conejo durante 5 minutos.

3 | Después, añadir las judías verdes y, cuando estén fritas, el tomate cortado en trozos pequeños. Agregar una pizca de pimentón y remover todo.

4 | Rápidamente, añadir el agua hasta llenar la paellera.

5 | Cuando comience la ebullición incorporar los guisantes, las alcachofas, el azafrán y la sal, dejando que cueza todo bien (aproximadamente 1 hora y 15 minutos).

6 | Una vez esté todo bien cocido, rectificar agregando el agua que se haya consumido y añadir el arroz, manteniendo la paellera a fuego vivo. El arroz debe sobresalir unos 2 cm del agua.

7 | En cuanto empiece a hervir de nuevo, bajar el fuego. La cocción durará unos 25 minutos.

8 | Dejar reposar la paella 10 minutos antes de servirla. Puede adornarse con rodajas de limón.

fácil
Arroz a la italiana

➤ **2 tazones de arroz**
salsa de tomate
2 cs de queso rallado
6 cs de mantequilla

🕐 Preparación: 30 min

1 | Hacer un arroz blanco y mezclarlo con salsa de tomate según el gusto.

2 | En un plato o fuente de gratinar poner capas alternativas de arroz y de mantequilla con queso rallado, finalizando con una de éstas. Poner a horno fuerte unos momentos.

fácil
Coliflor en ensalada

➤ **1 coliflor grande**
aceite | **pimentón**
jugo de limón
sal | **1 diente de ajo**

🕐 Preparación: 15 min

1 | Lavar y cortar la coliflor en trozos. Cocerla en agua con sal.

2 | Dorar un ajo en aceite caliente; retirar la sartén del fuego y añadir un poco de pimentón y un chorro de limón.

3 | Escurrir la coliflor y colocarla en una fuente. Echar la salsa anterior sobre ella y remover para que se empape bien.

Fotografía: **Paella valenciana** ➤

fácil
Huevos
al plato

➤ 4 huevos
100 g (4 oz) de mantequilla
sal

🕐 Preparación: 15 min

1 | Untar con abundante mantequilla cuatro cazuelitas individuales o una fuente refractaria más grande.

2 | Cascar los huevos sobre ellas. Espolvorear de sal y meter al horno para que se cuajen, pero teniendo en cuenta que la yema debe quedar tierna.

CONSEJO Puede acompañarse con «riñones al jerez» (véase receta), queso rallado, jamón picado, etc.

fácil
Huevos
con bechamel

➤ 4 huevos
salsa de tomate
salsa bechamel
mantequilla

🕐 Preparación: 15 min

1 | Cocer los huevos durante 5 minutos.

2 | Pelarlos y cortarlos en dos partes longitudinales o dejarlos enteros. Colocarlos sobre un puré de tomate o una salsa.

3 | Hacer una salsa bechamel (véase receta) y cubrir con ella los huevos.

4 | Por encima de éstos colocar unas bolitas de mantequilla y meterlos al horno fuerte durante 5 minutos. Servir de inmediato.

fácil
Huevos
al jamón

➤ 4 huevos
jamón picado
4 rebanadas de pan
aceite
sal
salsa de tomate

🕐 Preparación: 15 min

1 | Cortar las rebanadas de pan, redondas o en cualquier otra forma que nos guste. Freírlas en aceite bien caliente, rápidamente para que no se pongan duras.

2 | Rehogar el jamón, cortado en cuadraditos, ligeramente en aceite, y poner un poco sobre cada rebanada de pan frito.

3 | Freír los huevos o escalfarlos (cocer en agua sin cáscara).

4 | Colocar un huevo sobre cada rebanada y el jamón. Servir acompañados de salsa de tomate.

Fotografía: **Huevos al jamón** ➤

Tortilla de patata

➤ 1 kg (2 1/4 lb) de patatas
5 huevos
aceite | 1 ct de sal
250 g (9 oz) de cebolla

🕒 Preparación: 40 min

1 | Pelar las patatas, lavarlas y cortarlas en lonchas finas. Salarlas y echarlas en la sartén, donde tendremos el aceite ya caliente.

2 | Si se desea la tortilla con cebolla, picarla y echarla sobre las patatas. Con un tenedor remover todo. Esta operación debe repetirse con frecuencia para que las patatas queden blandas.

3 | Cuando las patatas estén blandas, retirarlas con la espumadera, escurriéndoles el aceite, y echarlas sobre los huevos, que tendremos ya batidos en un bol.

4 | Con el fondo de la sartén ligeramente aceitado, echar los huevos y las patatas.

Dejarlos un rato moviendo con ligeras sacudidas la sartén y darle la vuelta con la ayuda de un plato llano o una tapadera.

5 | Una vez doradita por los dos lados, colocarla en una fuente redonda de servir.

Tortilla de espárragos

➤ 4 huevos
500 g (1 lb) de espárragos (naturales o enlatados)
aceite | sal

🕒 Preparación: 15 min

1 | Si los espárragos son naturales deben cocerse en agua hirviendo y sazonarlos después con sal. Si son de lata no es necesario.

2 | Batir los huevos y echar en ellos los espárragos troceados.

3 | Poner todo en una sartén con muy poco aceite y hacer la tortilla.

Tortilla guisada

➤ 1 tortilla de patata
1 copa de vino blanco
2 tomates
1 pimiento
caldo o agua

🕒 Preparación: 70 min

1 | Hacer la tortilla de patata (véase receta).

2 | Ponerla a cocer durante 30 minutos, aproximadamente, en agua o caldo al que se agrega el vino, de forma que la tortilla quede cubierta. Añadir al principio de la cocción el tomate y el pimiento, este último en trozos grandes.

3 | Sacarla con cuidado para que no se deshaga y colocarla en una fuente de servir. Colocar los pimientos sobre ella. Tamizar el caldo y echarlo sobre la tortilla.

Fotografía: **Tortilla de patata** ➤

Segundos platos

La cocina española es tan rica que podría elegirse una receta diferente para cada día del año. En este capítulo hemos recopilado una selección de los mejores platos con carnes, caza, aves, pescados y mariscos. Desde un delicioso rollo de carne o un pollo trufado hasta un bacalao al pil-pil o unas exquisitas vieiras al horno, usted podrá disfrutar en su mesa de la gran calidad y el excelente sabor de estos productos.

fácil

Cabrito asado

➤ 1 kg (2₁/₄ lb) de cabrito | 1/2 cebolla
ajo | perejil | aceite | laurel | sal
pimienta en grano | hierbabuena
tomillo | 1 vasito de vino blanco

🕐 Preparación: 1 h

1 | Adobar el cabrito con sal, ajo y perejil
machacados.

2 | Colocarlo en una fuente refractaria,
regar con vino blanco y aceite y poner
alrededor unas hojas de tomillo, hierba-
buena y laurel. Cubrirlo con rodajas de
cebolla.

3 | Meter al horno para asar, poniéndole
encima un papel engrasado para que no se
queme. Antes de servir, colar la salsa.

fácil

Besugo al horno

➤ 1 besugo | 1 vasito de vino blanco
sal | 3 cs de aceite | perejil
1 limón | 1 cebolla | caldo o agua

🕐 Preparación: 40 min

1 | Una vez limpio el besugo, hacer dos o
tres cortes en el lomo y sazonar de sal.
Poner en cada corte una rajita de limón o
de cebolla y colocarlo en la besuguera.

2 | Regar con aceite hirviendo y con vino
blanco, agregando un poquito de agua a la
besuguera para que el pescado no se queme. Encima o alrededor poner unos trozos grandes de cebolla y unas ramitas de
perejil.

3 | Ponerlo al horno hasta que se haga
bien y servirlo muy caliente, según se saca
del mismo.

fácil
Albondiguillas

➤ 500 g (1 lb) de carne picada
2 huevos | 2 tomates | sal
2 cs de cebolla picada
perejil | aceite | pan rallado
50 g (2 oz) de jamón
1 vasito de vino blanco

🕐 Preparación: 40 min

1 | Añadir a la carne picada el jamón, 1 ct de cebolla y perejil, todo bien picado.

2 | Batir los huevos y agregarlos a la carne; añadir también pan rallado para que se espese pero sin que quede muy seco.

3 | Con esta mezcla hacer bolas pequeñas y freírlas en aceite caliente. Ir colocándolas en una cazuela.

4 | En el aceite de freír las albondiguillas, o en una parte si es mucho, rehogar otra cs de cebolla picada y 2 tomates, sin piel ni semillas, troceados. Agregar el vino blanco y echar todo sobre las albóndigas.

5 | Ponerlas a cocer, añadiendo un poco de agua si es necesa-

rio. Servir calientes en su misma salsa.

fácil
Carne asada

➤ 1 kg (21/4 lb) de carne de vacuno (redondo u otra parte de la pierna)
1/2 cebolla | ajo | perejil
aceite | 1 vaso de vino blanco | 1 ct de mantequilla ó 50 g de tocino

🕐 Preparación: 1 h

1 | El día antes, bridar y sazonar la carne con ajo, perejil y sal, todo machacado en el mortero.

2 | Untarla con mantequilla o cubrirla con unas lonchas de tocino; meterla en una fuente de horno, regarla con el vino blanco y colocar unos trozos de cebolla en la fuente.

3 | Meterla al horno y taparla con un papel engrasado. A media cocción darle la vuelta.

4 | Estará hecha si al pinchar una aguja, ésta penetra bien. Servir acompañada de legumbres, croquetas o patatas.

fácil
Chanfaina

➤ livianos de ternera o de cordero (pulmones, hígado, etc)
cebolla | ajo | perejil
1 hoja de laurel | aceite
pimentón | especias
1/2 kg (1 lb) de patatas

🕐 Preparación: 3 h

1 | Poner a cocer el corazón y los pulmones durante 2 horas, pues son muy duros.

2 | Una vez cocidos, partirlos en trozos y rehogarlos, junto con el resto de los livianos, también troceados. Pasarlos a una cazuela.

3 | En el aceite de freírlos rehogar cebolla, ajo y perejil picados. Luego añadir unas patatas peladas y cortadas en trozos regulares. Cuando todo esté rehogado echarlo sobre los livianos.

4 | Añadir agua y una hoja de laurel, hierbabuena y tomillo. Poner a cocer hasta que todos los ingredientes estén tiernos. Servir caldoso.

fácil

Mollejas guisadas

➤ 500 g (1 lb) de mollejas
50 g (2 oz) de tocino
puerros o cebollas | sal
1 diente de ajo | perejil
1 copita de vino blanco
caldo o agua

🕐 Preparación: 40 min

1 | Limpiar y lavar las mollejas muy bien. Ponerlas a remojo 1 hora en caldo o agua fresca

2 | Ponerlas a hervir con agua, cebolla, ajo, perejil, vino

SUGERENCIA Poner a cocer las mollejas sin echarles el tocino ni el pimentón, 4 ó 5 minutos. Sacarlas y quitarles el sebo y la telilla que las envuelve. Partirlas en trozos y freírlas en aceite o mantequilla. También pueden rebozarse en harina, huevo y pan rallado. Una vez fritas meter al horno un momento y servir.

blanco y sal. Echar un poco de tocino derretido en el que se disuelve el pimentón.

3 | Dejar cocer las mollejas hasta que estén hechas.

fácil

Riñones al Jerez

➤ 750 g (1 lb 11 oz) de riñones | aceite o mantequilla
50 g (2 oz) de jamón
2 cs de cebolla picada
perejil | 1 diente de ajo
1/2 vasito de jerez
pimienta | sal

🕐 Preparación: 50 min

1 | Para limpiar los riñones, cortarlos en trocitos y rehogarlos en la sartén a fuego fuerte con 1 cs de aceite; removerlos bien y escurrirlos en un colador 30 minutos.

2 | En el aceite o mantequilla, o ambas cosas, rehogar unos cuadraditos de jamón, cebolla, ajo, perejil y el jerez.

3 | Agregar después los riñones, ya escurridos, y un poco de pimienta. Dejar cocer 5

minutos. Pueden servirse con arroz blanco.

fácil

Lechón asado

➤ 1 cochinillo | hierbabuena
3 dientes de ajo
sal | perejil | pimienta
laurel | orégano
250 g (9 oz) de mantequilla

🕐 Preparación: 1 h

1 | Limpiar el lechón y quitarle la grasa. Adobarlo con ajo, sal, perejil y pimienta.

2 | Ponerlo a remojo durante un día en agua con laurel, orégano, hierbabuena y cualquier otra especia que desee.

3 | Sacarlo del agua, escurrirlo y untarlo con mantequilla. Colocarlo a lo largo en un asador e ir dándole vueltas hasta que se dore sin tostarse. Si no dispone de asador lo puede meter al horno.

4 | Servir entero a la mesa, acompañado de cualquier salsa propia para asados (véase salsas).

elaborada

Liebre o conejo guisado

➤ 1 liebre
4 lonchas de tocino de jamón
1 limón | 1 cebolla
2 dientes de ajo
1 hoja de laurel
sal | perejil | aceite
pimentón | especias

🕐 Preparación: 1 h

1 | Limpiar la liebre, dejando los higadillos; adobarla con sal, ajo y perejil machacados. Dejarla en adobo una noche o algo más y trocearla.

2 | En aceite caliente rehogar cebolla picada y extenderla después en el fondo de una cazuela; sobre la cebolla poner lonchas de tocino finas.

3 | Colocar la liebre troceada sobre el tocino, junto con los higadillos; regarla con un chorro de zumo de limón, espolvorear de pimentón, echar una tacita de caldo o agua hirviendo sobre ella y dejarla cocer a fuego fuerte.

fácil

Pollo sorpresa

➤ 1 pollo | puré de patata
aceite | 2 cs de mantequilla
1 zanahoria | 1 cebolla
sal | 1 diente de ajo
1 hoja de laurel | perejil
1 copa de vino blanco seco
2 cs de queso rallado

🕐 Preparación: 50 min

1 | Una vez limpio el pollo, adobarlo con sal, ajo y perejil. Cortarlo en trozos y cocerlo con la mantequilla, el vino, la zanahoria, el laurel y la cebolla.

2 | Cuando esté cocido ponerlo en un montoncito y cubrirlo con puré de patata de forma decorativa.

3 | Espolvorearlo de queso rallado y meterlo al horno fuerte un momento. Servir la salsa de cocer el pollo aparte.

elaborada

Pollo trufado

➤ 1/2 kg de carne de ternera, magro de cerdo y jamón

1 cebolla | 1 diente de ajo
perejil | 1 zanahoria
1 mano de ternera | sal
1 trozo de jamón de 100 g (4 oz) | 1 hueso de vaca
1 latita de trufas | 1 pollo
1 copita de jerez o vino blanco

🕐 Preparación: 2 h y 30 min

1 | Deshuesar el pollo, bien limpio; primero la zona de las alas, luego hacer un corte en la columna vertebral y deshuesar el resto.

2 | Por este corte introducir el relleno hecho con la carne de ternera, el magro de cerdo y el jamón, todo bien picado y aderezado con sal, especias y, si se quiere, trufas picadas y regado con Jerez. Una vez relleno, coser el lomo.

3 | En agua fría echar unos trozos de cebolla, el ajo, el perejil, todos los huesos (mano, jamón...), los menudos del pollo y la zanahoria.

4 | Cuando el caldo haya hervido 1 hora poner en él el pollo. Una vez cocido éste, servirlo frío y cortado en lonchas. La salsa se ofrece en salsera.

Fotografía: Conejo guisado ➤

elaborada
Bacalao a la bilbaína

➤ 500 g (1 lb) de bacalao
1 guindilla | 2 cs de aceite
1 1/2 cebolla | 1 diente de ajo | 1 cs de mantequilla
100 g (4 oz) de jamón
2 huevos | 1 ct de azúcar

🕓 Preparación: 50 min

1 | Poner el bacalao, cortado en trozos, a remojo 8 ó 10 horas horas, junto con la guindilla.

2 | Freír una cebolla y el jamón, todo picadito, en la mantequilla y el aceite. Una vez dorado echar una taza de agua y la guindilla picada, y dejar cocer unos minutos.

3 | Pasar este sofrito por un tamiz y agregar las dos yemas cocidas, de forma que queden bien deshechas, y el azúcar.

4 | Cocer el bacalao en agua con cebolla y ajo. Cuando esté casi cocido quitar las espinas y agregar la salsa preparada.

5 | Dejar cocer el bacalao con la salsa unos minutos.

elaborada
Bacalao al pil-pil

➤ 1/2 kg (1 lb) de bacalao
1 cebolla | 2 dientes de ajo
1 hoja de laurel
1 vasito de vino blanco
1/4 de l (9 fl oz) de leche

🕓 Preparación: 1 h

1 | Poner el bacalao, cortado en trozos, a remojo 8 ó 10 horas. Después, cocerlo en agua 5 minutos.

2 | En aceite caliente dorar una cebolla pequeña y el ajo unos 10 minutos, sin que se quemen; luego, agregar el laurel.

3 | Escurrir el bacalao del agua y rehogarlo con la cebolla y el vino blanco otros 10 minutos.

4 | Sacar el bacalao de la sartén y colocarlo en una cazuela de barro.

5 | Añadir a la cebolla una tacita de agua de la usada para cocer el bacalao. Colarla, echarla sobre el bacalao y dejarlo cocer a fuego suave 30 minutos. A medida que se consume la salsa agregar leche, moviendo la cazuela pero sin remover el pescado.

7 | Servir en la misma cazuela, espolvoreado de perejil, mientras todavía hierve.

fácil
Calamares en su tinta

➤ 1/2 kg (1 lb) de calamares
2 cs de cebolla picada
1 diente de ajo | sal
1 vaso de vino tinto
harina | pimentón
1 cs de chocolate rallado

🕓 Preparación: 50 min

1 | Limpiar bien los calamares y reservar las bolsas de tinta. Cortarlos en trozos y rehogarlos en la sartén. Después, agregar la cebolla, el vino, el chocolate y un poco de pimentón. Pasar todo a una cazuela.

2 | Machacar las bolsas de tinta con un poco de sal gorda y agua; agregar a los calamares.

3 | Dejarlos cocer, agregando el agua necesaria.

Fotografía: **Bacalao al pil-pil** ➤

fácil
Caldereta

➤ **1 kg (2¹/₄ lb) de pescado y marisco de varias clases**
1 cebolla | perejil
2 pimientos morrones
1 tacita de puré de tomate
3 nueces ó 6 almendras
1 copita de jerez
aceite | sal | 2 clavos

🕐 Preparación: 50 min

1 | Mezclar los pescados, partidos y limpios, con los mariscos. Si hay almejas abrirlas antes en agua para limpiarlas de arena.

2 | Mezclar la cebolla picada, el perejil, los pimientos, los frutos secos, machacados en el mortero, y el jerez. Sazonar con sal y añadir las especias, si se desea, y el puré de tomate.

3 | Poner en una cazuela una capa de esta mezcla y otra de pescado y marisco, y así sucesivamente hasta terminar con una capa de la mezcla.

4 | Tapar herméticamente y dejar cocer a fuego suave hasta que todo esté bien hecho.

fácil
Pescado en escabeche

➤ **1 kg (2¹/₄ lb) de pescado**
aceite | vinagre
6 dientes de ajo
2 hojas de laurel
1 cebolla grande | harina

🕐 Prepara ción: 40 min

1 | Lavar y limpiar bien el pescado; sazonarlo de sal, rebozarlo en harina y freírlo en aceite abundante.

2 | En el mismo aceite, freír los ajos y dorar una cebolla grande, cortada en trozos.

3 | En una cazuela de barro colocar el pescado y sobre él echar el aceite con las cebollas y los ajos, agregar el laurel y el vinagre necesario para cubrir todo el pescado.

4 | Poner la cazuela al fuego para que hierva 2 minutos; retirarla y cubrirla bien poniendo un papel de estraza bajo la tapadera para que ajuste a la perfección. En cuanto tome el sabor, servir.

fácil
Congrio en salsa verde

➤ **4 rodajas gruesas de congrio**
harina | sal | aceite
1 ct de cebolla picada
perejil | 1 diente de ajo
2 tacitas de caldo o agua

🕐 Preparación: 40 min

1 | Sazonar el congrio con sal. Rebozarlo en harina y freírlo en aceite bien caliente. Colocarlo en una cazuela.

2 | En aceite bien caliente rehogar 2 cs de harina y 1 de cebolla bien picada. Una vez dorada ésta, agregar 2 tacitas de caldo o agua y dejar cocer unos minutos. Sazonar con sal y añadir unas ramitas de perejil previamente machacadas en el mortero.

3 | Echar esta salsa sobre el congrio y dejar cocer todo junto durante unos minutos para que el pescado tome el sabor. Servir en su salsa.

fácil
Almejas
a la marinera

➤ 1 kg (2 1/4 lb) de almejas
1 cs de mantequilla
2 cs de aceite
3 cs de cebolla picada
1 diente de ajo │ perejil
sal │ 2 cs de harina
1 copita de vino blanco

🕐 Preparación: 30 min

1 │ Lavar bien las almejas y ponerlas a cocer con el agua necesaria para cubrirlas y la copita de vino. Espumar de vez en cuando.

2 │ Una vez abiertas, removerlas bien para que suelten las arenas y sacarlas con la espumadera. Dejar reposar el agua y colarla.

3 │ En la mantequilla, mezclada con el aceite, dorar la cebolla picada, el ajo y el perejil, también picado. Añadir la harina y rehogar otro ratito.

4 │ Agregar después las almejas y el agua de cocción. Servirlas calientes.

fácil
Truchas
a la montañesa

➤ 4 truchas │ 1/2 cebolla
pimienta en grano
1 hoja de laurel
harina │ aceite
1 vasito de vino blanco

🕐 Preparación: 40 min

1 │ Limpiar las truchas y sazonarlas con sal 2 ó 3 horas antes de cocinarlas.

2 │ Ponerlas a cocer en una cazuela, mejor si es de barro, rociándolas con el vino blanco, y añadir una tacita de agua, unos trozos de cebolla, dos granos de pimienta y el laurel.

3 │ Una vez cocidas, dejarlas enfriar y colar la salsa.

4 │ En el aceite dorar 1 cs de harina, añadiendo después la salsa colada. Dejar cocer 2 ó 3 minutos. Verter la salsa sobre las truchas y servir.

fácil
Vieiras
o conchas
de peregrino
al horno

➤ 8 vieiras
4 cs de cebolla picada
1 diente de ajo
1 ramita de perejil
pimienta │ clavo
1 huevo batido │ sal
2 cs de pan rallado
1 cs de aceite
o 2 de mantequilla

🕐 Preparación: 30 min

1 │ Sacar los moluscos de las conchas, trocearlos y mezclarlos con el resto de ingredientes hasta formar una pasta, con la que se rellenan las conchas.

2 │ Poner las vieiras al horno sobre un plato refractario que tenga en el fondo un poco de agua. Servirlas calientes.

Fotografía: **Almejas a la marinera** ➤

Postres

¿Qué sería de nuestra cocina sin estas pequeñas tentaciones? Un postre dulce o de frutas hace que un menú resulte completo. Arroz con leche, brazo de gitano, natillas, flan de huevo, nuestros postres, repletos de sabores y aromas, son algo exquisito que se deshace en la boca haciéndonos sentir sensaciones insospechadas. ¿Quién podría resistirse a probarlos?

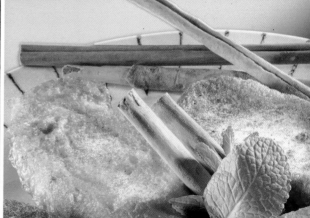

fácil
Natillas

➤ 4 yemas de huevo | 4 tacitas de leche
4 cs de azúcar | canela

🕐 Preparación: 15 min

1 | Deshacer bien las yemas con la leche, el azúcar y un poco de polvo de canela. Ponerlas a fuego suave hasta que espesen, removiendo constantemente para que no se pegue ni se corte. No debe hervir.

2 | Se sirven frías. Sobre ellas se puede poner un bizcocho, una galleta o canela.

fácil
Torrijas

➤ rebanadas de pan duro | leche
azúcar | huevos | aceite

🕐 Preparación: 15 min

1 | Bañar las rebanadas de pan en leche azucarada y rebozarlas en huevo batido. Después, freírlas en aceite caliente y abundante.

2 | Escurrirlas y espolvorearlas de azúcar.

55

elaborada
Arroz con leche

➤ 1 tazón de arroz
1 tacita de agua
2 tazas de leche
3 cs de mantequilla
azúcar | canela en rama
limón | sal

🕐 Preparación: 40 min

1 | Cocer el arroz en el agua hirviendo. Agregar la mantequilla y un poco de canela en rama o en polvo.

2 | Cuando se haya consumido el agua, echar la leche, poco a poco, según se vaya secando el arroz, y una cáscara de limón, mientras sigue cociendo a fuego lento. Echar una pizca de sal.

3 | Cuando esté cocido echar el azúcar, según el gusto, y dejar enfriar un poco. Cuando la superficie esté ligeramente sólida, espolvorear de azúcar.

4 | Servir templado, casi frío.

fácil
Bizcocho de manzana

➤ 100 g (4 oz) de mantequilla
100 g (4 oz) de azúcar
1/2 sobre de levadura
100 g (4 oz) de harina
2 huevos | azúcar glas
1/2 kg (1 lb) de manzanas

🕐 Preparación: 50 min

1 | Con la mantequilla, el azúcar, los huevos, la harina y la levadura disuelta en 1 cs de leche, hacer una mezcla, que debe trabajarse mucho.

2 | Con la mitad de la pasta forrar un molde engrasado que ha de ser redondo y liso.

3 | Pelar las manzanas, quitarles el corazón, cortarlas en cuartos y éstos en lonchas finas.

4 | Colocar la manzana extendida sobre la masa que tenemos en el molde, cubrir de azúcar y tapar con el resto de la masa.

5 | Meterlo en el horno a media temperatura y dejarlo cocer. Si al pincharlo con una aguja ésta sale limpia, es que ya está cocido.

fácil
Compota

➤ 8 peras o manzanas
200 g (7 oz) de azúcar
1/2 vaso de jerez
canela en rama

🕐 Preparación: 20 min

1 | Pelar la fruta y cortar cada pieza en cuatro trozos. Ponerla a cocer en agua suficiente para cubrir la fruta, el jerez, unas ramitas de canela y abundante azúcar.

2 | Cuando las frutas estén tiernas, retirar la compota del fuego y dejarla enfriar.

Fotografía: **Arroz con leche** ➤

fácil
Leche frita

➤ 1/2 l (17 fl oz) de leche
4 ó 5 cs de harina
2 cs de mantequilla
corteza de limón | aceite
canela en rama o en polvo
2 huevos | azúcar

🕐 Preparación: 50 min

1 | En la leche fría deshacer la harina, echar una corteza o rajita de limón y una ramita de canela.

2 | Ponerla a hervir sin dejar de remover, agregándole también la mantequilla. Dejar cocer, por lo menos, durante 15 minutos. Casi al final de la cocción echar el azúcar, según el gusto de cada uno.

3 | Una vez cocido, retirar el limón y la canela, y extender la leche sobre una fuente húmeda para que se enfríe.

4 | Ya fría, cortarla en cuadrados grandes, que se desprenderán fácilmente de la fuente si la leche está bien cocida.

5 | Rebozar estos cuadrados en harina y huevo, y freírlos en aceite caliente. Escurrir bien y espolvorear de azúcar.

fácil
Flan

➤ 4 huevos | 4 tacitas de leche
6 cs de azúcar | canela

🕐 Preparación: 30 min

1 | En un molde o flanera echar 2 cs de azúcar y caramelizar. Extender el caramelo líquido por el molde, de forma que toda la superficie interior quede cubierta. Dejarlo enfriar.

2 | Batir los huevos (o sólo las yemas, si se desea más fino), y añadir 4 cs de azúcar, la leche y la canela. Mezclar todo bien y echarlo en el molde ya frío.

3 | Ponerlo, bien tapado, al baño maría en cazuela normal o en olla a presión hasta que esté cuajado; sin sacarlo del agua, meterlo al horno unos momentos.

4 | Dejarlo enfriar y desmoldarlo sobre una fuente o plato de cristal.

fácil
Copa de frutas

varias clases de frutas
frutos secos (almendras, nueces, avellanas, etc)
azúcar
gaseosa
coñac
chantilly o merengue

🕐 Preparación: 3 h

1 | Cortar las frutas, limpias y peladas, en trocitos.

2 | Machacar los frutos secos y mezclarlos con las frutas. Agregar gaseosa y azúcar, según el gusto, y un poco de coñac o de otro licor. Dejarlo en maceración 2 horas.

3 | Servirlo en copas y colocar sobre cada una un montoncito de chantilly o de merengue.

fácil
Churros

➤ 1 tazón de harina | sal
1 tazón de agua | azúcar
1 rajita de limón | aceite

🕐 Preparación: 30 min

1 | Poner el agua, ligeramente salada, a hervir con el limón.

2 | Cuando se inicie la ebullición, retirar el limón y agregar la harina, removiendo hasta conseguir una masa uniforme. Retirar del fuego y trabajar la masa hasta que esté fina.

3 | Meter la pasta en la churrera un poco humedecida e ir haciendo los churros, que se colocarán sobre una superficie enharinada.

4 | Freírlos inmediatamente en aceite caliente. Escurrirlos y colocarlos en una fuente. Si se desea, espolvorearlos con azúcar. Servirlos recién fritos.

elaborada
Brazo de gitano

➤ 3 huevos | 3 cs de harina
3 cs de azúcar
crema pastelera

🕐 Preparación: 1 h

1 | Batir las claras a punto de nieve. Batir también las yemas y mezclarlas con las claras; agregar el azúcar. Después de mezclarlo todo, ir echando la harina poco a poco.

2 | Echar esta pasta en un molde engrasado. Poner éste en el horno fuerte, tapado con un papel para que no se queme por encima. Cuando al pincharlo con una aguja ésta salga limpia es que ya está cocido.

3 | Dejar reposar y desmoldar. Cuando el bizcocho aún está templado extender sobre él la crema pastelera (véase receta) y enrollarlo. Envolverlo en un papel blanco y dejarlo enfriar.

4 | Una vez frío, colocarlo sobre una fuente y adornarlo, bien con merengue, con crema de chocolate o con mantequilla trabajada con azúcar y puesta en boquilla rizada.

fácil
Crema pastelera

➤ 2 cs de harina
3 cs de azúcar | canela
1 ó 2 yemas de huevo
corteza de limón
leche hirviendo

🕐 Preparación: 15 min

1 | Mezclar bien la harina, el azúcar, las yemas y la leche necesaria para hacer una mezcla ligera. Añadir la corteza de limón y la canela.

2 | Ponerlo a cocer a fuego suave durante unos 10 minutos, removiendo constantemente para que no se pegue ni se corte.

3 | Extender la crema en una fuente, espolvorearla de canela y meterla al horno templado para que no se enfríe mientras preparamos el bizcocho o la tarta donde vayamos a emplearla.

Fotografía: **Brazo de gitano** ➤

Dirección editorial:
Raquel López Varela
Coordinación editorial:
Ángeles Llamazares Álvarez
Maquetación: Carmen García
Rodríguez
Fotografías:
TRECE por DIECIOCHO

EDITORIAL EVEREST, S. A.
Carretera León-La Coruña,
km 5 - LEÓN
ISBN: 84-241-1732-8
Depósito Legal: LE: 868-2005
Printed in Spain - Impreso en
España

EDITORIAL EVERGRÁFICAS,
S. L.
Carretera León-La Coruña, km 5
LEÓN (ESPAÑA)

www.everest.es
Atención al cliente: 902 123 400

ABREVIATURAS:

cs = cucharada sopera
ct = cucharadita de té
fl oz = onza fluida
g = gramo
h = hora
kcal = kilocalorías
kg = kilogramo
l = litro
lb = libra
min = minuto
ml = mililitros
oz = onza